AF189644

Alfred Reichel

Biergedichte-Sammelsurium

Bibliografische Information der Deutschen Nationalbibliothek
Die Deutsche Nationalbibliothek verzeichnet diese Publikation
in der Deutschen Nationalbibliografie; detaillierte bibliografische
Daten sind im Internet über www.dnb.de abrufbar.

#1 Bierzauber

Verlockend leuchtet im Glas mein Bier.
Es scheint mir zu sagen: „Los, probier!"
Das lass ich mir nicht zweimal sagen,
flugs ist das Bier in meinem Magen.
Im Bier wohnt ein verführerischer Zauber inne.
Prost, auf dass Bier durch unsere Kehlen rinne!

#2 Gefühl

Bier ist nicht nur ein Getränk. Es ist auch ein Gefühl,
hervorgerufen von seinem Image und seinem Ethyl-
Alkohol.
Zum Wohl!

#3 Ethylalkohol

Bieralkohol, der im Blute wallet,
führt dazu, dass es im Kopfe knallet.
Berauscht kennt jeder dieses Gefühl.
Ursächlich kommt's vom Alkohol-Ethyl.

Während aber der Ethylalkohol schmeckt,
man beim Genuss von Methylalkohol verreckt.

#4 Allerliebst

Bier ist mir das allerliebste Getränk auf Erden.

Bier wäre es wert, in Gold aufgewogen zu werden.

Nach einem Bier mit 5 % vol Alkohol

fühle ich mich entspannt und rundum wohl!

#5 Sündhaft gut

Kann denn ein Bierchen Sünde sein?

Nein. Nein. Nein,

wenn man beim Biertrinken alle Sorgen vergisst

und sich fühlt, als wäre man von der Muse geküsst.

#6 Die fetten Jahre

Auch dem Letzten ist inzwischen aufgefallen,

wir müssen unsere Gürtel enger schnallen,

denn die fetten Jahre sind erst mal vorbei.

Statt Sekt Bier. Statt Rostbraten Spiegelei.

Oder Bier und Kartoffeln mit Spinat.

Oder Bier und Kässpätzle mit Kopfsalat.

Oder in der allergrößten Not

tut's auch Bier und Butterbrot.

Ist Bier mit dabei,

ist der Rest ziemlich einerlei.

#7 Harte Zeiten

Der Groschen ist gefallen.

Wir sind dabei, die Zeche zu bezahlen.

Die Zeche für den Raubbau an der Natur.

Hauptsache es brummte die Konjunktur.

Treibhausgase führen zum Klimawandel,

da hilft auch kein CO_2-Emissionshandel.

Alles hat seinen Preis.

Auf der Erde wird's zu heiß.

Dazu noch der verrückte Russe, der Krieg führt,

dessen Auswirkungen der eine mehr, der andere

weniger spürt.

Der eine muss es mit seinem Leben, der andere mit

Inflation bezahlen.

Die Würfel hin zu Tod und hoher Inflation scheinen

gefallen;

der Groschen aber vielleicht doch noch nicht bei allen.

Die Zeiten werden hart, doch wir sind härter.

Fass- und Flaschbier sind unsere Schwerter.

Sind die Zeiten auch deprimierend und tragisch

Wir trinken, halten zusammen, bleiben optimistisch.

Einen kräftigen Arschtritt-Gruß

an Putin und den Raubtierkapitalismus.

#8   Harte Zeiten II

Harte Zeiten
unter denen wir gerade leiden.
Corona-Infektionen, Ukraine-Krieg, Rezession,
Energieengpass, Zinserhöhungen, Inflation.
Aktiencrash, Klimawandel, Zukunftsängste.
Deswegen aber aufgeben? Denkste!
Denn auch diese Zeiten überstehen wir
mit Zuversicht, Zusammenhalt und gutem Bier.

#9   I-ah!

Ein „I-ah" hallt durch die finstre Nacht.
Gérard ist gerade davon aufgewacht.
Hat sich da wirklich ein Esel aufgebäumt?
Oder hat er das „I-ah" nur geträumt?
Halb verschlafen, halb in sich selbst versunken,
fragt er sich: „Bin ich von den gestrigen Bieren betrunken?"
Aber von vier Bier betrunken? Das kann doch nicht sein?
Und plötzlich fällt's Gérard wieder ein,
da war ja noch eine böse Flasche Wein!

#10   Vergleichen

Man erkennt beim Wasser-mit-Bier-Vergleichen:
Das Wasser kann dem Bier nicht das Wasser reichen.

#11 Nimmermehr

War dein Tag bisher eher grau.

War's dir im Magen eher flau.

So ist's das nimmermehr,

kommt ein Bier daher.

#12 Änderungen

In unserer Gesellschaft muss sich so manches ändern.

Mehr Bier trinken, mehr Nächstenliebe, weniger Gendern.

#13 Noch leben wir

Kein Bier mehr trinken, können wir, wenn wir gestorben sind.

Aber bis dahin freue sich jeder über sein Bier wie ein Kind

zu Weihnachten über ein Kuscheltier.

Prost im Jetzt und Hier!

#14 Gebannt

Das Weihnachtsbier hat so gut-getan.

Jetzt kommt die nächste Flasche dran.

Von weit her höre ich Glocken erklingen.

Sie klingen, als würden Engelein singen.

Weihnachtsbier zieht mich in seinen Bann.

#15 Gewahr

Das Leben ist sofort wunderbar,
werde ich ein Bier gewahr.
Sind's gar deren zwei oder drei,
ist der Moment gänzlich sorgenfrei.
Was nur zählt ist die bierige Leckerei.

#16 Weihnächtlich

Zu Weihnachten liebte das Reichelmännchen
einst das geschmückte Weihnachtstännchen.
Zu Weihnachten ist mir eher heuer
Weihnachtsbier lieb und teuer.

#17 Gruß

Einen kurzen Gruß
ans Apfelmus.
Dann wird's von mir gegessen
und ist gleich auch vergessen.
Anders ist das bei Bier.
Ein gutes Bier gedenkt mir
mindestens bis zum nächsten Bier.

#18   Mein Rat

Mein Rat für gute und für schlechte Zeiten:
Täglich ein Bier trinken, böse Menschen meiden.

#19   Wort zum Sonntag

Ich möchte euch berichten
über schöne Aussichten:
Werden wir auch nimmer sein,
unser Bier wird immer sein.
Bier wird noch getrunken werden
auch in 1000 Jahren hier auf Erden.
Würden wir einst wiedergeboren,
erwartete uns also Bier, alkoholisch vergoren.
Sollten wir im Paradies weiterleben,
dann wird uns dort bestimmt Bier gegeben.
Amen.

#20   Lieber Bernd,

bleibe so wie du bist,
humorvoll, Munch-Fan, Antifaschist.
Besonders eines mag ich an dir,
das ist deine Liebe zu Fiege-Bier.
Prost!

#21 Armut

Arme Gesellschaft, die Armut akzeptiert.
Damit's im Zusammenleben halbwegs funktioniert,
braucht's bezahlbare Preise für Energie, Gesundheit,
kleine Wünsche wie Bier.
Dazu noch Geld für Bildung, Arbeit und etwas
Besseres als Bürgergeld oder Hartz 4.
Letztendlich müssen die Reichen mehr abgeben
für ein gesellschaftsweit finanziell passables Leben.
Es kann doch nicht sein, dass unsere besten Jahre
vorbei sind.
Sag das mal einem Kind!

#22 Zu jeder Zeit

Ein Bier, wenn die Sonne scheint.
Ein Bier, wenn der Himmel weint.
Ein Bier, wenn's draußen schneit.
Ein Bier zu jeder Zeit!

#23 Glücklich machen

Unter allem Tun gibt's zwei wichtige Sachen:
Sich selber und andere glücklich machen.
Drum spendier ich jetzt dir und mir
zwei große kühle Bier!

#24 Wissen und Tun

Wir alle wissen:
Gesund ist's, seine Liebste zu küssen.
Geld allein macht nicht glücklich.
Hefeweizen schmeckt vorzüglich.
Also tu mit deinem Geld nicht geizen.
Kauf dir eine Kiste Hefeweizen.
Nimm deine große Liebe in den Arm.
Du fühlst dich gut, dein Leben hat Charme.

#25 Glücklich machen

Unter allem Tun gibt's zwei wichtige Sachen:
Sich selber und andere glücklich machen.
Drum spendier ich jetzt dir und mir
zwei große kühle Bier!

#26 Bieräquivalente

Hast du in der Kneipe den Absprung verpasst,
so hast du anderntags deine liebe Not und Last
mit Kopfweh, Griesgrämig- und Müdigkeit.
Diesen verkaterten Zustand bin ich leid.
Drum schütte ich zumindest von Bier und Wein
nur bis zur Grenze von 6 Bieräquivalenten* in mich
rein.
(* 1 Bieräquivalent = 1 Weinschorle = 0,5 L Bier)

#27 Erträglichmacher

Fühle ich mich zerschlagen,
dann helfen mir
Liebe, Humor und Bier,
das Lebens zu ertragen.

#28 Gemüt

Ein Bier, das man vor sich stehen sieht,
wirkt sehr erfreuend aufs Gemüt.

#29 Verständlich

Hoffnung besteht,
wenn Bier vor uns steht.
Prost!

#30 Grandios

Sind wir Menschen grandios?
Oder nur Knochen, Blut und Fleisch bloß?
Aber je mehr Bier ist in mir drin,
umso mehr Bier ich bin.
Das zumindest ist famos.

#31 Jaa

Vernunft sagt ja.

Bauch sagt ja.

Bier ruft, ich bin da.

#32 Herzenssache

Sei immer gut zu dir und deinem Herzen,

sonst wird's dich irgendwann schmerzen.

Achte auf deinen Blutdruck.

Setze dich nicht unter Zeitdruck.

Genug Schlaf, genügend Bewegung,

weinig Stress, salzarme Verpflegung,

täglich ein Bier, sonst kaum weiterer Alkohol

und du und dein Herz fühlen sich pudelwohl.

#33 Klug und dumm

Klug war's, eine Kiste Bier für die kommende Woche
einzukaufen.

Noch klüger war's, diese Kiste im Angebot zu kaufen.

Dumm war's, nicht mindestens zwei davon zu kaufen,

denn „dumm" war's, sie schon an einem Tag leerzu-
saufen.

#34 Statt

Berühren statt desinfizieren.

Liebe statt Hiebe.

Liebende statt Hasser.

Bier statt Wasser.

#35 Groschen gefallen?

Der Groschen ist gefallen,

aber noch nicht bei allen.

Manche Schüler glauben immer noch,

als Chemielehrer sei ich auch Meth-Koch.

Falsch, ich stehe mehr auf legale Drogen.

Ich habe noch an keinem Joint gezogen.

Dass ich Bier mag, ist im Kopf bei allen.

Wirt, bitte zahlen!

#36 22.2.22

So viele Schnapszahlen hintereinander

machen schwindlig, bringen durcheinander.

Ich aber sage mir,

wenn doppelt sehen, dann vom Bier.

#37 Vergleich

Alkoholfreies Bier trinken,
ist wie falsch getankt.
Beim zweiten bleibt das Auto stehen.
Beim ersten fühlst du dich erkrankt.

#38 Biergartenzeit

Sommerliche Leichtigkeit
macht sich breit
zur Biergartenzeit.
Das Bier schmeckt nach Leben, Freiheit,
Liebe, Freizügigkeit, Vollkommenheit…
Bier lässt uns glücklich schwärmen.
Bier lässt uns fröhlich lärmen.
Nichts geht über ein Bier.
Höchstens zwei Bier…
Prost!

#39 Spektakulär

Mein Bierglas ist leer.
Unspektakulär.
Mit Bier wird's konträr.
Spektakulär.

#10   Vom Hocker

Bier macht mich locker.

10 davon und ich fall vom Hocker.

#11   MwSt

Alle gängigen Biersorten

sind teurer geworden.

Bier ist zu teuer.

Runter mit der Mehrwertsteuer!

#12   Zum WM-Aus in Katar

Wieder in der Vorrunde raus.

Wieder frühes WM-Aus.

In der Weltrangliste zurückgefallen.

Egal, wir lassen's weiter knallen.

Der DFB-Fußball ist nicht alles.

Denn im Falle dieses Falles

feiern wir halt jetzt Endo und Co

und die Brasilianer sowieso.

DFB-Zwangspause ja. Trinkpause nein.

Wir schenken uns unbeirrt das nächste Bierchen ein.

Prost! Unser Wille

zum Bier gute WM-Spiele.

#13 Bewährtes

Das Leben ist kein Zuckerschlecken.
Man muss sich in die Höhe recken,
um etwas zu erreichen.
Man muss aufstehen, sich bewegen und dergleichen.
Und wenn man schon mal steht, ist's nicht verkehrt,
sich ein Bier zu holen. Das hat sich stets bewährt.

#14 Gefunden

Warum ich im Sommer Hitze
und Durst nicht verfluche?
Weil ich so eine innige Beziehung
zum Bier finde, die ich ja suche.
Prost!

#15 Nicht ohne

Ohne Bier gibt's keine Gemütlichkeit.
Ohne Bier keine entspannte Sommerzeit.
Drum sei gescheit:
Bier bei jeder Gelegenheit.
Bier am besten zu zweit.
Bier in alle Ewigkeit!

#16 Gut

Bier ist für mich ein wertvolles Gut,
denn ich weiß, Bier tut mir gut.

#17 Froh

Zum Glück gibt's Bier und dich
für mich.
Wäre das nicht so,
dann wäre ich nimmer froh.
Ihr beide seid mir immer nah.
Ihr seid immer für mich da.

#18 Gefunden

Warum ich im Sommer Hitze
und Durst nicht verfluche?
Weil ich so eine innige Beziehung
zum Bier finde, die ich ja suche.
Prost!

#19 Die Sonne brennt

Hoch oben am Firmament
steht die Sonne und brennt.
Sie brennt auf uns herab

und das nicht zu knapp.
Verloren wären wir
ohne unser Bier.
Gott sei Dank
gibt's diesen Zaubertrank!
Zumindest gegen die abendliche Schwüle
hilft des Bieres Kühle.

#50 Variationen

Nicht immer nur Bier. Bei der Getränkeauswahl auch
mal variieren.
Sollten dir solche komischen Gedanken durch den
Kopf schwirren,
dann lass dich davon nicht beirren.
Lass dich bloß nicht verwirren.
Ich werde allenfalls mal andere Biere ausprobieren.
Prost!

#51 Anti-Wut-Elixier

Warum denn gleich in die Luft geh'n?
Greife lieber zu 'nem Bier.
Du wirst spüren und wirst seh'n,
Bier ist ein Anti-Wut-Elixier.

#52 Bier, Bier, Bier…

Nicht länger warten,

Endlich durchstarten.

Nicht mehr aufschieben.

Wir tun jetzt, was wir so lieben.

Und was lieben wir?

Natürlich unser Bier, Bier, Bier…

Wir wissen nicht immer, was falsch ist, was richtig.

Aber was ist wichtig,

das wissen wir.

Und das ist Bier, Bier, Bier…

#53 Vergleich

Zahnschmerzen braucht keiner;

weder Sibylle, noch Rainer.

Aber auf die Frage: „Wer will Freibier?",

antworten alle: „WIR!"

#54 Hol dir dein Glück

Hast du ein Bier,

kommts Glück zu dir.

Hast du keins,

dann hol dir eins.

#55 Cola / Bier

Ein Bekannter sagt, er mag Bier nicht.
Er trinkt Cola. Ein kleines Cola-Bier-Gedicht
deshalb für ihn aus meiner Sicht.
3 Liter Bier gegen den Durst schaffe ich bequem.
3 Liter Cola sind allerdings ein Problem.
Bier bringt dich runter.
Cola macht dich wieder munter.
Soll dein Getränk nur Durstlöscher sein,
dann schenk dir ein Cola-Bier (Diesel) ein.

#56 Reime

Warum sollen sich Biergedichte reimen?
Muss man mit Worten so schleimen?
Gibt es Schöneres als ein Wir
auf unser Lieblingsgetränk Bier?
Nein, denn wird so gereimt,
dann glaube ich, es keimt
Hoffnung und es scheint,
als wäre irgendwann die Welt im Bier vereint.

#57 Von wichtig und unwichtig

Es ist nicht wichtig, was für ein Bier du trinkst.
Es ist wichtig, dass du überhaupt Bier trinkst.

#58 Tipp

Man braucht nur mit Freunden Bier trinken
und es gesellt sich Glück dazu.
Man wird in Erinnerungen versinken
und die Sorgen geben Ruh.

#59 Hoffnung

Die Erde ist ein schöner Ort,
aber muss ich einst von hier fort,
hoffe ich, es geht froh, sorgenfrei und heiter
im Himmelbiergarten mit allen Freunden weiter.

#60 Über uns Dumme

Nehmt es mir nicht krumm,
aber wir Menschen sind dumm.
Aber wären wir noch dümmer,
dann wäre alles noch schlümmer.
Dumm reicht.
Eine Sache fällt uns leicht.
Die Liebe zum Bier.
Bier lieben wir.
Das ist gut.
Das macht mir bei aller Dummheit Mut.

Lage

Alles super, alles prima

bis auf die Inflation und das Klima.

Solaranlage aufs Dach. Energie sparen.

Nicht mehr Verbrenner fahren.

Vielerlei Einschränkungen werden nötig sein.

Nicht aber beim Bier, denn Biertrinken muss sein.

 Nach vorn

Wir schauen nicht zurück.

Wir schauen nur nach vorn.

Zu unserem großen Glück

stehen vor uns Bier und Korn.

#63 **Zu viel Gefühl**

Bier trinken wir zwar sehr, sehr gern,

aber uns zu betrinken, liegt uns fern.

Doch hin und wieder

reißt der Alkohol uns nieder.

Denn manchmal braucht's ein Zuviel.

Denn nur so gibt's dieses besondere Gefühl.

#64 Lucky experience

Have a lucky experience
with the beer's ingredients.
Drink beer and after this experience
dance sister dance.
Cheers!

#65 So ist das Leben

Das Leben ist zum Leben da.
Obladi und Oblada.
Nicht nur zum Schlafen, nicht nur zum Schaffen.
Schon gar nicht, um Unmengen an Geld zu raffen.
Schnapp dir ein Bier, setz dich in eine Wiese
und genieße…

#66 Endlich

Das Leben ist endlich,
drum wär's schändlich,
ich gönnte dir und mir
nicht das beste Bier.
Bei nur einem Leben
solltest du diesem alles geben.

Das Leben ist endlich,
drum möchte ich mein Bier endlich.

#67 Küssen müssen

Wir alle wissen,

dass wir Bier trinken müssen,

sonst würden wir was vermissen.

Wäre Bier 'ne Frau, ich würd' sie küssen müssen.

#68 Beer is so much more

We raise our glasses and drink,

to the beauty of this brew,

for beer is more than just a drink,

It's a part of me and you.

Cheers!

#69 Ährenmann

Des Ährenmanns Bierglas ist an keinem Tag leer,

täglich feiert darin das Bier seine Wiederkehr.

Und was ist die Lehr'

aus dem Gedicht mit „e(h)r"?

Wer,

wenn nicht er,

liebt Bier so sehr?

Niemand liebt Bier mehr.

#70 Abendgestaltung

Wie wollen wir den Abend gestalten?
Lasst uns von der Arbeit abschalten.
Lasst uns Bier in den Händen halten.

#71 Berauscht

Lass uns die Gläser tauschen.
Gib mir dein Wasser. Nimm du mein Bier.
Trink das Glas aus und fühl das Rauschen
in dir.
Ich fühl's schon.
Berauscht sein ist des Trinkers Lohn.

#72 Liebe Gier

Dein Glas ist fast leer und wie immer weißt du,
du brauchst das nächste Bier und zwar im Nu.
Und steht das Bier dann vor dir,
weißt du, gewonnen hat wieder mal deine Gier.
Du sagst still deiner Gier: „I love you."

#73 Jawohl

Nach zwei Bier fühle ich mich wohl.
So ist das. Jawohl!

#74 Lebensglück

Schaust du am Ende auf dein Leben zurück,

dann zählt am meisten dein Lebensglück.

Also überleg dir, was dich glücklich macht.

Wenn mich ein frisches Bier anlacht,

ist das von meinem Lebensglück ein Stück.

#75 Gedanken

Der Dezember ist da.

Trallalü und trallala.

Im Januar ist er wieder fort.

Wohin geht er? An welchen Ort?

Solche und ähnliche Gedanken

gehen mir durch den Kopf beim Mich-mit-Bierbe-
tanken.

#76 Toleranz

Meine Toleranz endet,

wenn jemand Bier schändet.

Wenn jemand grundlos Radler macht,

da ist beispielsweise Kritik angebracht.

Dann ist Schicht im Schacht.

77   Vorwiegend heiter

Ich trinke Bier und bin heiter

und so mache ich weiter.

Trotz allem. Oder gerade deswegen.

So bleibe ich vielen Widrigkeiten überlegen.

78   Glücksweg

Es gibt viele Wege zu glücklichen Stunden.

Einer davon ist Biertrinken. Prost!

79   Das Letzte

Nach dem Bier

ist vor dem Bier.

Aber steh ich mal vor der Himmelstür,

dann war nach dem Bier das letzte Bier.

80   Zauber

Ist Bier nur ein Gemisch verschiedener Stoffe?

Oder besitzt es eine Art Seele, was ich hoffe?

In Bier wohnt ein geheimnisvoller Zauber inne.

Prost, auf dass dieser jedermann gewinne!

#81 Atlantis

Ich bin wieder mal entzückt,
im Traum bin ich nach Atlantis entrückt.
Dort treffe ich Anselmus und andere Wesen.
Sie tun mir ihre Gedichte vorlesen.
Sie dichten wirr. Sie dichten irr.
Kein Wunder, sie trinken Unmengen Schnaps und Birr.
Sie trinken alles wild durcheinander
und sehen alsbald aus wie Schlangen und Salamander.
Atlantis ist ein schöner Ort.
Dennoch möchte ich von hier fort.
Ich möchte in einem Biergarten sitzen,
dort Bier trinken und in der Sonne schwitzen.

#82 So lieb

Ich hab sie lieb.
Mehr hab ich nicht.
Wo ich mich rumtrieb,
will sie wissen.
Ich sei ja dicht.
Ach, ich könnt sie küssen.

#83 Gewagt

Der Alkohol zu vieler Bierchen
kann die Realität aufweichen.
Wer viel Bier trinkt,
glaubt oft am Ende, was er sagt,
sei's auch noch so gewagt.

#84 Von voller und leerer

Ist dein Bierglas wenigstens halbvoll,
so ist das halbwegs toll.
Aber machst du dein Glas voller,
ist das natürlich toller.

Ist dein Bierglas halbleer,
du aber trinkst daraus noch mehr.
Dann wird dein Glas noch leerer.
Das sagt dir Reichel, ein Chemielehrer.

#85 Zelebieren

Ich registriere,
dass ich am besten regeneriere,
wenn ich das Biertrinken zelebriere.
Mach's wie ich, zelebiere!

#86 Nur Gutes

Lasst uns gute Menschen sein.

Ich lass deshalb nur Gutes in mich rein.

Bezüglich Getränke sind das Bier und Wein.

#87 Großer Durst

Es gibt nichts Schlimmeres als Durst.

Außer großen Durst.

Es gibt nichts Schöneres als Bier und Durst.

Außer ein großes Bier und großen Durst.

#88 Die Zitrone

Die Zitrone

säße auf dem Schaum wie eine Krone,

die mein Kristallweizen bewohne,

aber nein, ich trinke gerade mein Weizen ohne.

#89 Loslassen

Viele Sehnsüchte sind am Verblassen.

Viele Ziele muss man im Alter offenlassen.

Das Alter hat schon viele Spuren hinterlassen.

Da hilft jetzt nur – Loslassen!

Mit Freunden feiern, Bier trinken, sich fallen lassen!

#90   Tu Gutes

„Es gibt nichts Gutes,
außer man tut es."
So bin ich frohen Mutes,
denn ich tu es:
Ich trinke gutes Bier.
Komm und trink mit mir.

#91   Wladimir

Putin will die Ukraine besiegen
auf Brechen und Biegen.
Das führt bei mir zu Brechreizen,
dagegen hilft nicht mal Hefeweizen.
Wenn schon maßlose Gier
dann nach Bier. Stopp den Krieg, Wladimir!
Mach Frieden und trink mit Gerhard Bier.

#92   Noch und nöcher

Hurra, wir leben noch.
Hurra, wir lieben noch.
Hurra, wir trinken noch.
Prost mit Bier noch und nöcher
für Frieden und gegen Arschlöcher.

#93 Schöner Mai

Das Schönste am Mai sind die Maiböcke
und die ersten Miniröcke.
Die Natur tut ihr Übriges dazu.
Juhu, schöner ist`s auch nicht in Malibu.
In Malibu gibt`s aber kein Maibockbier,
drum bleibe ich lieber hier.

Der schöne Mai ist da,
ja, ja, ja.
Und im nächsten Monat ist er wieder fort.
Dann trinken wir statt Maibock wieder Export.

#94 Anstößig

Heute lassen sie sich volllaufen.
Heute werden sie sich besaufen.
Die Vorfreude ist riesengroß.
Gleich geht die Party los.
Her mit dem Bier. Anstoß!

#95 Veränderungen

Veränderungen brauchen Bier.
Viel Bier.

#96 Liebe

Ich liebe mein Bett,
denn dort ist's nett.
Ich liebe mein Bier,
denn das schmeckt mir.
Ich liebe dich. Ich liebe dich.
Ach, liebtest du doch auch mich.
Im Bett ineinander versinken
und danach Bier trinken.

#97 Metaverse

Ins Metaverse einloggen.
Durch den Metawald joggen…
Ich weiß nicht recht;
das ist doch alles nicht echt.
Aber vielleicht muss ich mich erst noch daran gewöhnen.
Solange tu ich mich mit Bier mit der Zukunft versöhnen.

#98 Hoffen

Wir alle hoffen,
lasst die Schulen und die Kneipen offen.
Als ein Mittel der Wahl
impft uns halt ein weiteres Mal.
Aber erst die Alten, die Risikopatienten, der
ungeimpfte Rest der Welt,

denn Bier in Kneipen ist nicht das, was mehr als die
Gesundheit zählt.
Prost auf offene Schulen und Kneipen!
Prost aufs Biergedichteschreiben!

#99 Umgang

Der Mensch ist manchmal unfair und gemein.
Manchmal ist er böse und gar nicht fein.
Dann muss man ihm sagen, lass das sein!

Ist der Mensch einsam und allein,
dann lade ihn auf ein Bierchen ein!
Falls er kein Bier mag, füll sein Glas mit Wein.

#100 Schockiert?

Wir waren mal die Jungen
und sind damals gesprungen.
Jetzt sind wir alt, nicht mehr jung.
Immer öfter fehlt's uns an Schwung.
Wir leben eher in unserer Erinnerung.
Nur Bier verschafft uns noch Begeisterung.
Du bist schockiert?
Dann zeig mir, wie es auch ohne Bier funktioniert.

#101 Igitt, igitt, igitt

Drei Dinge, die ich nicht so mag:

1. Kleines alkoholfreies Radler
2. Alkoholfreies Radler
3. Radler

#102 Ohne Bier

Bier ist nicht alles,
aber, wenn man keins
mehr trinken darf,
dann ist alles nichts.

#103 Zufrieden

Warst du mit deinem Tag vollauf zufrieden,
war dir bestimmt auch ein gutes Bier beschieden.
Lass dir den Tag nicht verdrießen,
tu dir 1-2 leckere Biere eingießen.

#104 Sinnsuche

Du suchst den Sinn des Lebens.
Meist suchst du ihn vergebens.
Hast du ihn dann gefunden,
dann bringe auch mir Bier mit.

#105 Spätabends

Der Mond ist schon lange aufgegangen.
Ich spüre ein mittelgroßes Verlangen.
Ein kleines Bier mag ich noch trinken,
um danach in ruhigen Schlaf zu versinken.
Am Himmel tausend Sternlein prangen.

PS: Gebt aufeinander acht,
gute Nacht!

#106 Vollmond über Weil der Stadt

Der Vollmond schaut ganz munter,
über Weil der Stadt auf mich herunter.
Mir scheint, er lacht.
Rasch noch ein Bier aufgemacht.
Prost, lieber Mond!
Prost dem Mann, der auf dir wohnt!

#107 23:30 Uhr

Ist der Mond
von Nachtmenschen bewohnt?
Oder bin ich etwa nach 4 Bier dicht,
denn auf dem Mond brennt noch Licht?

#108 Wünsche

Wäre doch Frieden
allen Menschen beschieden.
Freie Menschen,
eine Welt ohne Grenzen.
Und nicht vergessen,
allen genügend zu essen.
Und bitte mir
ein frisches Weizenbier.

#109 Darum

Wir leben, um mit Freunden Bier zu trinken
und nicht um Durst zu haben. Also, prost!

Wir sind hier, um mit Freunden Bier zu saufen
und nicht um durstig durchs Leben zu laufen.

#110 Metaverse/Realität

Habe ich die Wahl zwischen Metaverse und
Wirklichkeit,
dann wähle ich mit absoluter Sicherheit die Örtlichkeit
der realen Welt, denn dort gibt's das bessere Bier!

#111 Sonnenschein

Golden funkelt mein Bier.

Es lädt zum Trinken ein.

Oh, wie wohl ist mir.

Bier, du bist mein Sonnenschein!

#112 Geschmack

Der Sommer schmeckt nach Weizenbier.

Der Feierabend schmeckt nach einer Halben Bier.

Die Gemütlichkeit schmeckt nach Maibockbier.

Nach was schmeckst du? Nach was schmeckt die Liebe?

Du schmeckst nach mehr. Ich hoffe, dass alles so bliebe.

#113 Bierkunst

Wer kein Bier mag, hat keinen Dunst
von wahrer Kunst.

#114 Trinken

Ich bin groß. Du bist klein.

Ich trinke Bier. Du Wein.

Ich bin erwachsen. Aber du lass das sein.

Das Trinken kann so einfach sein.

#115 Kunstbanause

Er hat nur wenig blassen Dunst
von wahrer Kunst.
Aber steckt in einer Flasche Bier nicht
oft mehr Kunst als im ganzen Kunstmuseum?
Für ihn schon, denn Bier ist sein Medium.
Nicht die Maler, nicht die Bildhauer, nicht die Töpfer,
nein, die Brauer sind die wahren Schöpfer.

#116 Was wäre, wenn...

Wäre ich Schimmel, schimmelte ich vor mich hin.
Gut, dass ich kein Schimmel bin.
Wäre ich Bier würde mir das besser gefallen.
Die Bierfangemeinde wäre mir verfallen.
Aber am liebsten bin ich der, der ich bin.
Die besten Freunde habe ich ohnehin.

#117 Zwei Bier

Ein Bier gezischt.
Mund abgewischt.
Noch eins geleert.
Zwei Bier sind nie verkehrt.

#118 Zu guter Letzt

Ein Rat zu guter Letzt:

Das Leben ist jetzt.

Such dein Glück im Heute.

Bereite dir und anderen Freude.

Freude bereitet jetzt mir

ein kühles goldgelbes Weizenbier.

#119 Liebeserklärung

Bier, ich liebe dich. Ich liebe dich.

Ich liebe dich so sehr.

Und jeden Tag und jeden Tag

und jeden neuen Tag etwas mehr.

Bier, ohne dich, ja, ohne dich,

fällt mir zu leben schwer.

Bier, ob 0,5 Liter groß oder 0,33 Liter klein,

du wirst ewig meine große Liebe sein.

#120 Bierschaum

Er hat Schaum

vor dem Mund

und tut kund:

„Es ist Bierschaum."

121 Hopfen statt Atom

Wer Hopfen und Gerste sät, wird Bier ernten.

Wissen, das schon unsere Ahnen lernten.

Atomkraft? Nein danke.

Auch ein alter Gedanke.

Wer Atomkraft will,

betreibt ein gefährliches Spiel.

Drum tanken wir

natürlich Bier.

Prost mit goldenem Gerstensaft

gegen „grüne" Atomkraft!

122 Strahlend grün

Atomenergie ist nachhaltig strahlend grüne Energie.

Und alkoholfreies Bier ist Bier.

Ich muss lachen

und tue mir ein nichtalkoholfreies Bier aufmachen.

123 Entspannend

Mäßiger Bierkonsum

bringt dich nicht um.

Ein Bier entspannt,

das ist bekannt.

Nicht ohne Grund

ist Bier gesund.

#124 Immer schlimmer

Alles wird immer schlimmer.

Besser wird's nimmer.

Am Ende bleibt mir

nur mein geliebtes Bier,

denn Bier schmeckt mir immer ;-)

#125 Achtsamkeit

Sei achtsam mit anderen und auch mit dir.

Mein Glas ist leer, also bring mir bitte ein Bier.

#126 Schwank

Bier tanken. Kraft tanken.

Dann kraftvoll heimschwanken.

#127 Fragen und Antworten

Wer, wenn nicht wir?

Wann, wenn nicht jetzt und hier?

Was, wenn nicht Wein oder Bier?!

Prost!

128   Gedanken

Bier, du berauschst.

Berauschst du alle?

Bier, du stärkst.

Stärkst du alle?

Bier, du erdest.

Erdest du alle?

Vielleicht nicht alle,

aber mich auf jeden Falle.

129   Heute und morgen

Heute war ein guter Tag,

wie er morgen gerne wieder kommen mag.

Auf gute Tage trinke ich noch heute

1, 2 Bier, ihr lieben Leute.

Und wird er morgen doch eher schlecht,

dann trinke ich morgen erst recht.

Prost!

130   Fälle

Lässt du zu oft die Kronkorken knallen?

Torkelst durchs Leben, bist am Lallen?

Bist mit Leib und Seele dem Bier verfallen?

Das sollte dir nicht gefallen.

Lass dir als Ausweg einfallen:

Hör auf zu saufen – Knall
auf Fall!

131 Lebenslauf

Jeder fängt jung an und hört meist alt auf.
Dazwischen nimmt das Leben seinen Lauf.
Und wir machen uns jetzt ein Bierchen auf!
Prost!

132 Menschlich

Wir Menschen sind oft ziemlich dumm.
Gott nimmt uns das hoffentlich nicht krumm.
Gott hat uns Menschen trotzdem gern,
denn ihm ist alles Menschliche nicht fern.
Gott trinkt wie wir
bestimmt auch mal gern ein Bier.
Amen.

133 Bier mit Schuss

Alles ist im Fluss.
Und wird zum reißenden Fluss
durch Bier mit Schuss!
Prost!

#134 Brumm

Im Leben muss es brummen.

Im Kopf muss es summen.

Gebt mir

Bier,

um nicht zu verstummen.

#135 Am Heiligabend

Chöre singen.

Weihnachtsglocken klingen.

Ich bin schon etwas angeheitert.

Ich habe bereits mit Harald, Wolfgang, Gérard und
Bier vorgefeiert.

Lasst uns also eine schöne Zeit verbringen.

Frohe Weihnachten! Weihnachten möge gelingen!

#136 Von Herzen

Gib deinem Herzen einen Stoß

und leg los!

Hol drei Bier. Eins für dich

und zwei für mich!

137 Adventsbierwünsche

Kein Hungern mehr,

kein Dursten mehr,

genügend Impfstoff für die ganze Welt

wünscht Alfred, der gerade sein viertes Bier bestellt.

138 Egal

Ich trinke so vor mich hin,

bis ich betrunken bin.

Ich höre aber noch nicht auf:

Ich mach mir noch `ne Flasche auf.

Scheiß drauf!

139 Immer

Immer wenn du denkst, es geht nicht mehr,

kommt von irgendwo ein Bierchen her.

Prost!

140 Einfach so

Ich trinke ohne Sinn

einfach vor mich hin.

Ich trinke Bier, weil ich trinken will.

Biertrinken selber ist heute mein Ziel.

141   Hurra

Warum denn in der Ferne saufen,

wenn ein Biergarten liegt so nah.

Du kannst von hier betrunken nach Hause laufen.

Hurra, hurra, hurra.

142   Das Wahre

Kommst du in die Jahre,

erkennst du das wirklich Wahre.

Das einzig Wahre

sind Bier und ein paar Klare.

Prost!

143   Leben

Das Leben ist wie ein großes Bierglas;

beide sollten täglich mit Genuss befüllt werden.

144   Sehenswert

Biertrinken ist mein Ziel.

Und so sehe ich nur, was ich sehen will:

Bier! Ein großes Bier!

145 Kippelig

Der Weintrinker nippt.

Der Biertrinker kippt.

Ein anderer kippt um.

Sei's drum.

146 Der Wohlfühlort

Eine Kneipe ist für die Seele, was ein Fitnessstudio ist für den Körper. Ein Wohlfühlort.

Heimat, Freunde, Gleichklang, Entspannung und natürlich Bier aller Art findet man dort.

147 Übers Schreiben

Lasse dir Zeit.

Beeile dich nicht.

Trinke dich breit.

Schreibe ein Biergedicht.

148 Grund

Ich freue mich und das hat seinen Grund,

denn vor mir steht ein Bier und ich bin gesund!

Prost!

149 Plötzlich

Und plötzlich steht es neben mir.

Ein frisches Bier.

Martin hat es für mich bestellt

und so hat es sich zu mir gesellt.

Martin ist ein wahrer Freund.

Wären wir Kiffer, wäre das Bier ein Joint.

150 Bauchweh

Juckt's dich,

druckt's dich

im Magen und Gedärm?

Macht dein Bauch alle Arten von Lärm?

Dann gönne dir Ruhe und ein lauwarmes Bier.

Mit etwas Geduld dankt dein Körper dir dafür.

Und klappt's mit dem Bier und der Gesundung nicht,

dann nimm Tee und aus dem Bier- wird ein

Teegedicht.

151 Pause

Heute mal keinen Tropfen

vom flüssigen Hopfen.

Ich setze meinen Körper auf Entzug.

In letzter Zeit gab's Bier mehr als genug.

152 WIR

Wir schreiben. Wir bleiben.

Wir schwärmen. Wir lärmen.

Wir schlecken. Wir lecken.

Wir schlucken. Wir gucken.

Wir schieben. Wir lieben.

Wir schminken. Wir trinken.

Wir trinken was?

Wir trinken Bier vom Fass!

153 Wahlsonntag

Heute Mittag gehe ich wählen,

die Demokratie kann auf mich zählen.

Und nach der Wahl

geht`s ins Lokal.

Dort wähle ich eine Koalition aus Alkohol, Hopfen-, Malzextrakt und Co.

Geh auch wählen, dann vielleicht Bier trinken; mach's ebenso.

154 Komische Zeiten

Komische Zeiten

durch die wir schreiten.

Zeiten voller Seuchen, Brutalität,

Katastrophen und Anonymität…

Ich trinke Bier, um nicht zu leiden.

#155 Killer

Bierchen „gekillt".
Bierdurst gestillt.

#156 Katzensprung

In meiner Erinnerung
war's nur ein kleiner Katzensprung
von 1961 bis heute hier.
Traurig trinke ich mein nächstes Bier.

#157 Merke dir für Silvester

Ist mein letztes Bier im alten Jahr
alkoholhaltig, filtriert und klar,
wird das kommende ein gutes Jahr!
Alles klar?! Prost!

#158 CO2

Sinkender CO_2-Ausstoß rettet uns, die Tiere, auch die Kröten.
Falls nicht, wird uns die Temperaturerhöhung töten.
Kohlenstoffdioxid gehört ins Bier, sonst schmeckt's schal.
Frisches Weizenbier mit genug CO_2 schmeckt optimal.

159   Biergeruch

Bier riecht malzig,

manchmal leicht blumig,

aber auch nach Abheben,

Schweben, Freiheit, Leben.

Genug inspiriert,

jetzt wird's probiert! Prost!

160   Zusammenfassung

Kein guter Sex ohne Lust.

Kein Erfolg ohne vorherigen Frust.

Nur bei Bier und darüber bin ich froh,

ist's so:

Ob mit oder ohne Durst

ist mir beim Trinken Wurst.

161   Anti-Aggressionsbier

Ich denke mir still und leise,

was ist das wieder für 'ne Scheiße.

Bevor ich aber eskalier',

trinke ich erst mal ein Bier.

Meist beruhigt sich so die Situation

und es legt sich meine Aggression.

Ist das hin und wieder nicht der Fall,

verhindert ein weiteres Bier den Krawall.

#162 Vom Hochleben

Der trinke, dem ein Bier gegeben.

Hoch soll er leben! Prost!

#163 Rote Rosen

Rosen sind rot.

Gold-gelb war mein Helles.

Ich bin zwar etwas in Zeitnot,

aber ich trinke noch ein Schnelles.

Rosen sind rot.

Wir sind blau.

Zu viel flüssiges Brot.

Jetzt ist uns flau.

Rosen sind rot.

Aber nicht immer.

Ich bin ein Idiot.

Gäb's kein Bier, wäre das schlimmer.

Rot sind Rosen.

Wir trinken Fassbier.

Morgen gibt's Bier aus Dosen.

Selbe Zeit, selber Ort wie jetzt und hier.

164   Betanken oder Der Weg ist das Ziel

Ich denke gerne. Ich denke viel.

Durchzublicken ist mein Ziel.

Damit die Gedanken noch besser flutschen,

werde ich jetzt ein, zwei Bierchen lutschen.

Zudem kommen mir die besten Gedanken

beim Mich-mit-Bier-Betanken.

Nicht nur ich denke so,

andere denken ebenso.

Macht's wie wir,

trinkt Bier! Prost!

165   Experimente

Die Wahnsinns-Bierbowle

hatte zu viele Alkohole.

Neben Ethanol auch Propanol.

Jetzt ist dir nicht wohl.

Mach mit Bier keine Experimente.

Sonst bist du zum Schluss am Ende.

166   Etwas Gutes

Tu dir `was Gutes.

Sei frohen Mutes.

Mach's wie wir,

trink Weizenbier!

167 Auf der Suche

Wer suchet, der findet.

Der Alkohol verbindet.

Den Suchenden

mit der Gefundenen.

So ist's, wird's immer sein.

Prost mit Bier und Wein.

168 Veränderungen

Veränderungen brauchen Mut.

Ich trink statt Bier einen Bordeaux

und schau, was der in mir tut.

Zur Not schütte ich ihn ins Klo.

169 Der Hopfen

Vergleichsweise

zu Bier scheiße

schmeckt Wein.

Das kann auch nicht anders sein,

denn ihm fehlt der Hopfen.

Hopfen macht den leckeren Tropfen.

170 Immer und ewig

Bier wird vieles noch erleben.

Bier wird's immer und ewig geben.

Uns gibt's in 100 Jahren nimmer;

Bier aber noch immer. Prost!

171 Gedanke

Lasst uns aneinander denken,

wann immer wir uns ein Bier einschenken.

Prost!

172 Neuanfang

Jedes Ende kann ein Anfang sein.

Flugs schenke ich mir ein Bier in mein leeres Glas ein.

173 Hallertau

Ist der Himmel grau;

ist dir's in der Seele flau?

Dann hol dir Bier ins Glas.

Trinke das goldene Nass, hab Spaß!

Prost mit Hopfen aus der Hallertau!

#174 Klar doch

Auch wenn's schon längst Zeit ist zu gehen,
ich lasse doch ein volles Glas Bier nicht stehen.
Zum Schluss noch eines,
ein kleines.

#175 Putzmunter

6 Bier intus, trotzdem putzmunter.
Heute zieht mich gar nichts runter.

#176 Zischen

Der eine ist von dir entzückt,
der andere hält dich für verrückt.
Wie immer liegt die Wahrheit irgendwo dazwischen,
aber jetzt lasst uns ein Bierchen zischen!

#177 Voll leer

Wenn's Glas ist voll,
finde ich das toll.
Ist's dagegen leer,
warte ich auf des Bieres Wiederkehr.
Nach dem Bier
ist vor dem Bier.

#178 Vom Verbleib der Biergedichte

Was bleibt,

wenn ich nicht mehr bin?

Es heißt zwar, wer schreibt,

der bleibt.

Für mich gilt wohl eher „Oder auch nicht",

denn wen interessiert schon ein Biergedicht.

#179 Schlaftrunk

Sehe ich Bier im Glase schäumen,

gerade ich meist ins Träumen.

Ein Schlaftrunk in Form eines Glas Bieres

ist wie ein Glas voll Traum. Probier es!

Sei also kein dummes bierablehnendes Schaf,

trink ein Bier für einen traumreichen Schlaf.

#180 Einfach schön

Die Blumen blühen.

Die Vögel ziehen.

Ich ziehe mir auch was rein.

Erst ein Bier, dann ein Glas Wein.

Das Leben könnte kaum schöner sein.

181 Zeitreise

Ich würde die Zeit gerne zurückdrehen,
um Menschen noch mal in den Arm nehmen zu können,
die heute nicht mehr da sind. Aber das geht wohl nicht?
Doch, nach 2 Bier kann in Gedanken nichts schiefgehen.
In die Vergangenheit reisen, sich umarmen, versöhnen.
Das alles geht in diesem Biergedicht!
Zwar sind die Gedanken frei,
haben aber mit der Realität so wenig zu tun wie
Schneefall im Mai.

182 Auf und nieder

Bier macht fröhlich, stärkt die Glieder.
Auf und nieder immer wieder.

183 Stimmungsaufheller

Ist der Himmel noch so grau,
stehst du auf der A8 im Stau –
lass dir die Stimmung nicht vermiesen;
tu dir ein gutes Bier eingießen!
Als Fahrer ohne, als Beifahrer mit Alkohol.
Prost! Zum Wohl!

#184 Bierlöslich

Sorgen sind bierlöslich.

Das ist sehr tröstlich.

Sorgen und Ängste lösen sich in Bier gut auf,

drum mache ich mir jetzt ein Bierchen auf.

#185 Von Tigern und anderen Katzen

Drei Bier machen aus einer schüchternen Person einen Tiger.

Nach 10 Bier gibt's am anderen Tag noch einen Kater dazu.

#186 Schüchtern

Gibt's Freibier, dann sei nicht schüchtern,

sonst bist du am Ende immer noch nüchtern.

#187 Treue

Gute Freunde und gutes Gebräu

waren, sind und bleiben sich ewig treu.

Prost!

#188 Lust

Was hilft gegen des Lebens Frust?
Dagegen hilft des Lebens Lust.
Freunde, Bier, Natur, Liebe, Weib –
eben alles, was gut ist für Geist und Leib.

#189 Seelengetränke

Bier für die Kehle.
Wein für die Seele.
Es geht auch umgekehrt.
Bier und Wein sind nie verkehrt.

#190 Schnürchen

Trinkt man ein Bierchen,
läuft's hinterher wie am Schnürchen.

#191 Wicht

Schön ist die Welt,
hast du Bier, Freunde, Geld.
Hast du davon eines nicht,
bist du ein armer Wicht.

#192 Tröstlich

Ist deine Bierflasche leer,
gibt's keinen besseren Trost,
denn du willst ja noch mehr,
als eine neue aufzumachen. Prost!

#193 Exen

Jetzt gilt's.
Er killt's
in neuem Rekord.
Bier zu exen, ist sein Sport.

#194 Bierliebe

Ich hab oft ins Glas geguckt,
dabei schon viel Bier geschluckt.
Aus Erfahrung kann ich sagen:
Bierliebe geht durch den Magen!

#195 A

Wer A sagt, muss nicht B sagen.
Er kann stattdessen nach einem Bier fragen:
Can I get A Beer please?
Cheers!

#196 Besser mit

Ich denke besser mit Bier.

Ich schlafe besser mit Bier.

Ich bin lustiger mit Bier.

Drum ist's besser, wenn Bier

ist in mir. Prost!

#197 Vergänglichkeit

Die Zeit vergeht viel zu schnell und wir vergehen mit.

Aber bis dahin lieben und leben wir mit Bier und Appetit!

#198 Knülle

Des Bieres Fülle

machte ihn knülle.

Zu viel Alkohol, Volumen, Geschmack

gaben hierfür den Ausschlag.

#199 Bauchgefühl

Mein Bierbauchgefühl sagt mir:

"Trink noch ein Weizenbier!"

Sofort mache ich das,

denn mein Bierbauch versteht keinen Spaß.

Prost!

#200 Verliebt

Ich wurschtel mich durch den Alltag. Ich lebe.
Ich hoffe, dass ich irgendwann wieder liebe.
(Nicht nur mein Bier.)
Kann's denn einen schöneren Zustand geben,
als verliebt und geliebt zu leben?!
Eben! Prost!

#201 Sonnig

Die Sonne vom Himmel lacht.
Draußen ist's wärmer als gedacht.
Jetzt wird ein Bier aufgemacht!
Blauer Himmel, Weizenbier,
Sonnenschein, schön ist's hier
- welch sommerliche Pracht!

#202 Schönste Gabe

Zu den des Maies allerschönsten Gaben
gehört, dass die Biergärten wieder offen haben.
Es freut sich dann nämlich jedermann,
wenn man wieder draußen trinken kann,
denn unterm blauen Himmelszelt,
da gefällt die schnöde Welt.

#203 Sonntägliches Joggen

Ob im Sommer oder Winter,
ob warm oder kalt,
wir joggen sonntags durch den Wald.
Wolfgang, Gérard und ich dahinter.
Danach trinken wir Bier auf unserer Bank.
Wir genießen das Leben. Gott sei Dank.

#204 Nichtwissen

Wer vom Bier nicht weiß, wird keines im Keller haben,
wird sich sein Leben lang an anderen Getränken laben.
Kennt man Bier nicht,
ist man ein armer Wicht.

#205 Prost mit ohne

Ohne viel Gelaber,
ohne Wenn und Aber:
Prost!

Inhaltsverzeichnis

Bisher sind von Alfred Reichel beim Verlag Books on Demand GmbH folgende Bücher erschienen:

Biergedichte-Sammelsurium, 2023

Glücks-Bier-Gedichte, 2022

Hoptimistische Biergedichte, 2021

Reichels heile Welt der Biergedichte, 2020

Prost-Gedichte, 2019

Weihnachtliche Biergedichte, 2018

1516 Biergedichte, 2017

Frisch eingeschenkt – Biergedichte der besonderen Art, 2017

Goldene Biergedichte, 2016

Bierhaltige Gedichte, 2016

Tierisch gute Bier-Gedichte, 2015

Nicht nur Biergedichte, 2015

Bier-Lyrik, 2014

Bier-Liebes-Gedichte, 2013

Noch mehr Bier-Gedichte, 2013

Bier-Gedichte, 2012